ÉTANGS DE LA DOMBES

en 1898

PAR

LE DOCTEUR PASSERAT

MÉDECIN DE L'HOPITAL DE BOURG

MÉDECIN DES CHEMINS DE FER P.-L.-M.

BOURG

IMPRIMERIE DU « COURRIER DE L'AIN »

Francisque ALLOMBERT, propriétaire

—

1897

ÉTANGS DE LA DOMBES

En 1898

CHAPITRE Ier.

Exposé de la question

La Dombes est malsaine, marécageuse, les étangs sont la cause de son insalubrité. Formulées depuis longtemps, et sans cesse répétées « dans des mémoires copiés le plus souvent les uns sur les autres, et dans des rapports souvent remarquables, mais calqués sur les précédents » ces propositions ont fini par être acceptées comme des dogmes de foi. Les termes étangs et insalubrité sont devenus corrélatifs.

Comme intéressé, comme habitant de la région, comme médecin y pratiquant, j'ai déjà protesté, et je me suis élevé contre l'exagération, sinon la fausseté de semblables allégations.

J'ai montré qu'en théorie, l'étang n'est pas malsain et n'est pas la cause de la fièvre ; en pratique, que la Dombes n'était pas insalubre, puisque seul dans notre région, ce pays avait vu sa population augmenter dans des proportions considérables depuis le commencement du siècle. Je citais, en particulier, le fait suivant : Dans 10 communes où les étangs occupaient 36 0/0 de la surface terrienne jusqu'en 1860 et occupent encore 25 0/0, le chiffre de la population s'est élevé de 3,448 habitants en 1800, à 6,360 en 1891. Une région dont la population progresse ainsi, est-elle, disais-je en 1893, vraiment aussi insalubre qu'on est convenu de le dire?

Mon sentiment est toujours le même, mais un travail sur le mouvement de la population jusqu'en 1896 me permet d'être plus affirmatif, et de dire hardiment que la Dombes est un pays aussi sain que ceux qui nous entourent.

Des progrès immenses y ont été réalisés, dans l'habitation, dans la culture, les voies de communication ; l'aisance s'y est accrue, la vie moyenne a augmenté et la mortalité s'y est abaissée.

Je suis des premiers à reconnaître et à admirer ces progrès, et à demander qu'ils se perfectionnent encore : mais je m'élève contre l'opinion de ceux qui veulent les attribuer *exclusivement* au dessèchement des étangs, et aux conséquences de la la loi de 1856 sur la licitation. L'examen du mouvement de la population en Dombes, montre, en effet, que d'autres causes sont intervenues et même il laisse supposer que, si le grand travail du milieu du siècle, regardé comme une gloire de l'empire, ne s'était pas produit, l'amélioration aurait été encore plus considérable.

On juge un arbre par ses fruits : Dans le cas présent, les changements énormes, provoqués par le desséchement des étangs aurait dû se traduire par une augmentation de la population. Que voyons-nous? Depuis le commencement du siècle, la population des 40 communes dombistes qu'on est convenu d'appeler le pays d'étangs a augmenté jusqu'en 1891 : de 13,230 en 1800, elle est montée à 22,060 en 1896.

Mais en examinant plus attentivement, on voit que l'accroissement est plus lent dans la période qui a suivi le desséchement. De 1800 à 1842, époque pendant laquelle la culture des étangs était en pleine floraison, l'augmentation annuelle était de 111 habitants par an en moyenne, tandis que de 1851 à 1891, c'est-à-dire après le desséchement, il n'est plus que de 65, et de 1891 à 1896 période pendant laquelle la transformation est complète et a dû produire ses effets, la *perte annuelle est de 170 par an.*

On constate de plus un fait très curieux qui donne bien à réfléchir. Pendant la première moitié du siècle, c'est-à-dire pendant que les étangs couvraient une grande partie du sol, une *immigration* importante s'est produite en Dombes, tandis que dans la période qui a suivi le desséchement, les Dombistes ont *émigré.* Le recensement de 1896 permet d'ajouter que cette émigration est énorme puisque en 5 ans 1,469 personnes ont abandonné les 40 communes observées.

Je ne voudrais pas prétendre que ces faits sont la conséquence exclusive de la disparition des étangs : des causes nombreuses et complexes ont dû y contribuer ; ils permettent au moins de tirer la conclusion que le desséchement n'a pas eu une influence heureuse sur le mouvement de la population dombiste.

En revanche, le desséchement a eu ce résultat qui paraîtra étrange dans notre fin de siècle où l'on parle tant de liberté et d'égalité : c'est de créer avec l'argent des contribuables et avec l'assentiment de l'Etat, une classe de privilégiés, et de ramener dans notre région, un régime de monopole, analogue à ceux qu'on avait avant 1789.

Qu'est-il, en effet, résulté de la disparition de 7 à 8 mille hectares d'étangs, desséchés en vertu de la loi de 1856 et des primes, et de l'interdiction de les remettre en eau? Les propriétaires qui ont eu la bonne idée de ne pas dessécher, ont vu leur concurrents diminués, l'écoulement de leur poisson facilité, la valeur de leur ferme augmentée, et le monopole de la culture en eau à eux assuré avec tous ses avantages. Sans bourse délier, ils ont acquis un privilège.

Ainsi, s'explique l'étrangeté de ce qu'on observe en Dombes : Des propriétaires vantent le dessèchement des étangs, proclament les bienfaits de la loi qui l'a provoqué, et ne dessèchent pas leurs étangs, *beati possidentes*.

En somme, au point de vue économique, on pourrait dire, qu'il s'est produit en Dombes, comme une grande opération financière. Dans l'impossibilité d'accaparer tous les titres d'une valeur on a tâché d'en faire disparaître, sans dépenser un centime, un grand nombre. Les malins, qui s'étaient rendus compte de la combinaison, se sont bien gardés de se dessaisir, mais le gros public, les gogos, comme on les appelle, alléchés par les promesses du prospectus, les primes, et, disons-le, par les encouragements des pouvoirs publics, n'ont pas su résister, et maintenant ils s'aperçoivent de leur faute.

En attendant, des terres restent en friche faute de bras, des marécages se forment dans certains anciens étangs, la main d'œuvre devient de plus en plus difficile à trouver, pendant que la culture plus intensive demande plus d'ouvriers, le pays se dépeuple. Faut-il s'étonner que dans ces conditions, l'indigène regrette ses anciens étangs et demande leur rétablissement.

Quand il voit son voisin, resté fidèle aux vieux usages

du pays, mettre en eau son étang non primé, le dombiste qui s'est laissé surprendre, ne peut manquer de faire une triste comparaison.

Son voisin, simplifie sa culture, diminue sa main d'œuvre, retire souvent une forte récolte de poissons, dans tous les cas, assure à sa terre une bonne fumure, profite de son étang pour abreuver et faire paître son bétail, tandis que lui, il est obligé de laisser en jachère nue, une surface souvent considérable, qui se transforme parfois en marais, de mener boire ses bêtes en été à 3 et 4 kilomètres, et pour se consoler, il a la perspective de payer au percepteur la taxe de l'évolage dont il n'a plus le droit de profiter.

Voilà les causes du mouvement qui se produit en dombes en faveur du rétablissement des étangs.

Grâce à M. Bérard, député, et à ses collègues de la députation du département, la question a fait un grand pas. Espérons qu'elle sera résolue dans un sens conforme aux intérêts de la Dombes et des dombistes.

Dans tous les cas, la remise en eau des étangs est à l'ordre du jour, et sans étudier le côté juridique sur lequel je n'ai aucune compétence, mon but actuel est d'examiner si, au point de vue de l'hygiène et de la prospérité du pays, cette opération est indiquée.

Si je prouve que, en théorie, l'étang n'est pas nuisible à la santé, qu'il n'est pas la cause de la fièvre ; si, en pratique, je montre, que pendant la période ou les étangs étaient nombreux, la population de la Dombes au lieu de diminuer, est allée en augmentant, tandis qu'elle a diminué après leur disparition, si je démontre l'utilité de ces réservoirs pour la culture et le régime des eaux, la réponse sera facile et péremptoire.

II

Qu'est-ce qu'un étang ?

Il est nécessaire de bien préciser ce qu'on entend par un étang. Notre travail serait inintelligible, ridicule même, si on n'en avait qu'une notion superficielle ou incomplète.

L'étang n'est pas un amas quelconque d'eau. C'est un réservoir artificiel, créé par l'homme, pour tirer le meilleur parti d'un sol ingrat qui, sans son secours, donnerait de maigres produits, au prix de soins et de travaux considérables.

Voilà la description naïve et pittoresque qu'en fait, un ancien, Collet, l'auteur des commentaires des statuts de Bresse, en 1695 : « Nos étangs sont des amas des eaux qui tombent du ciel dans les champs, qu'on assemble, et qu'on retient par une levée de terre ou chaussée : Laquelle, par conséquent, est élevée dans le lieu le plus bas du champ qu'on veut inonder, et où l'on veut conserver l'eau. La terre de ce pays est d'une nature telle, qu'elle se presse, sèche et s'endurcit facilement, et si bien qu'elle conserve les eaux, en sorte qu'elles ne s'imbibent point dans la terre. Il ne s'en perd qu'autant que le soleil en fait exhaler, ou que les chaussées mal faites en laissent écouler.

« Cet artifice, par lequel on assemble les eaux et on les retient est extrêmement utile, parce que ces eaux rendent le fond où elles ont croupi, gras et fertile, sans autre fumure ou amendement. On y met du poisson qui croît, se nourrit, s'augmente et s'engraisse en peu de temps, et s'y multiplie à l'infini. »

A l'origine, les étangs furent considérés comme d'utilité publique, et leur existence légale n'était pas contestée. Tout propriétaire d'un fonds qui pouvait recevoir l'assiette d'une chaussée, avait le droit de la construire pour établir un étang et d'inonder les fonds contigues. Si les voisins concouraient aux travaux et dépenses nécessaires pour la retenue et l'écoulement des eaux, ils prenaient une part proportionnelle dans le produit de la vente des poissons ; mais, dans tous les cas, ils restaient propriétaires de leur sol et avaient le droit de l'exiger un an en état d'*assec* après deux ans d'eau ; ils avaient une, deux, trois *pies* dans l'étang.

Comme dédommagement pour l'interruption de la culture, ils jouissaient : 1° pendant la jachère d'eau, du droit utile de *Brouillage* ou pacage de l'étang pour tout le bétail attaché au domaine dont dépendait le sol ; 2° du droit d'*abreuvage*, droit précieux dans un pays privé de sources ; 3° du droit de *naisage* pour faire rouir le chanvre ; 4° après la jachère d'eau, d'une récolte de blé ou d'avoine dans le terrain abondament pourvu d'engrais ; et 5° en tout temps du droit de *champéage* ou pâture sur les bords de l'étang.

De là, l'existence de deux propriétés distinctes bien définies, appartenant le plus souvent à des titulaires différents, l'*assec* et l'*évolage*.

Un étang en Dombes se compose donc de deux parties l'*eau* et le *sol*, sous forme d'un réservoir artificiel. L'eau et son produit portent le nom d'*évolage* ; le sol et sa culture céréale celui d'*assec*.

Chacune de ces deux parties peut être vendue, échangée, transmise par héritage, hypothéquée et affermée séparément, sans que jamais l'un des copropriétaires ait besoin du concours ou du consentement de l'autre.

L'Etat, lui-même, considérant l'évolage et l'assec comme deux propriétés distinctes, a affecté à chacune d'elle, un article spécial dans la matrice cadastrale, et au rôle de la contribution foncière. D'après l'article 3 de la loi du 3 frimaire an VII, il a frappé l'un et l'autre, d'un impôt foncier direct, annuel et spécial quand bien bien même ils appartiendraient au même propriétaire.

Ce régime d'impôt continu encore à être appliqué ; et, à l'heure actuelle, par une contradiction flagrante, je dirai même par un deni de justice criant, les propriétaires d'étangs desséchés sont obligés de payer l'impôt d'évolage qu'ils ne peuvent pratiquer. Je dois ajouter que, grâce à la députation de l'Ain, cette injustice a enfin quelque chance de disparaître.

Ces détails montrent bien que les étangs diffèrent essentiellement des marais, tant au point de vue agricole qu'au point de vue de leur origine. Les marais, en effet, sont situés dans des fonds sans valeur, où l'eau séjourne naturellement et n'a pas d'écoulement. Les étangs, au contraire, sont des réservoirs artificiels dont l'eau s'écoule avec la plus grande facilité quand on lui donne issue par le *thou*. Ils se vident alors très rapidement et leur sol peut être mis en culture comme les terres voisines.

Pour les établir, et cette remarque est importante, on a choisi les endroits les moins fertiles ; les fonds marécageux, en particulier, qui, pour cela, ont dû être aménagés et ont cessé d'être improductifs et dangereux. J'insiste sur ce point, car plusieurs ont prétendu que les étangs avaient été établis sur de bonnes prairies ; c'est une erreur, et les meilleurs auteurs le reconnaissent, comme le prouvent les citations suivantes:

« On voit plusieurs étangs dont on a fait des prés et on ne voit aucun bon pré dont on ait fait des étangs. L'herbe est une espèce de revenu encore plus estimé que celui des étangs, soit à cause de la nécessité qu'on a de nourrir les bêtes de labourage ou de voiture, soit à cause que les prés coûtent encore moins à entretenir. » (Collet, commentaire des statuts de Bresse.)

« Peu à peu, on a desséché les étangs dont le fonds était fertile, et que l'on pouvait entretenir dans cet état parce qu'on n'a pas balancé à préférer vingt arpents de bon pré à vingt arpents d'eau, partout où les localités l'ont permis ou indiqué. L'intérêt seul est l'argument et la preuve de cette amélioration successive. » Berthollet, rapport sur les Etangs, 1795.)

En résumé, ce qui caractérise l'étang et la différencie d'avec le marais, c'est que le premier est un réservoir artificiel, étanche grâce à la constitution du sol, alimenté constamment, d'où l'eau, retenue par des digues imperméables, peut s'écouler à volonté et complètement par le *thou*.

Ainsi compris et bien définis, les étangs en Dombes constituent un mode de culture utile, avantageux et non insalubre, et si l'on rappelle qu'à l'origine notre pays était couvert de lacs naturels et de marais stériles et malsains, on ne peut s'empêcher de reconnaître que leur établissement a été une amélioration considérable dans la constitution du pays C'était si bien l'opinion du grand chimiste que j'ai déjà cité plus haut, qu'il disait dans son rapport sur les étangs: « Tels furent les immenses travaux des antiques bressans dont le génie et l'industrie méritent d'occuper une place glorieuse dans l'histoire des peuples agricoles ; car ils ont fait, avec plus de difficulté peut-être, ce que les bataves n'ont fait qu'après eux dans les marais de la Hollande et de la Zélande. »

CHAPITRE III

Les Etangs ne sont pas la cause de la fièvre

« Les étangs de la Dombes ne sont pas la cause des fièvres de cette contrée. Au contraire, ils préservent le pays de plus grands maux en réunissant les eaux éparses qui auraient formé des marais infectes en les réunissant dans des bassins plus profonds. » (Jean-Marie Vaulpré.) Cette thèse si souvent reprochée à ce médecin est aussi la mienne.

L'impaludisme, et par ce terme j'entends toutes les maladies provoquées par la malaria, est une maladie infectieuse due à des parasites spéciaux. Ils doivent pénétrer dans l'organisme pour produire leurs effets. Les étangs favorisent-ils ou entravent-ils cette pénétration ?

Tel est le problème. Pour le résoudre, je me reporterai aux observations et aux expériences des savants.

1° *L'impaludisme est une maladie infectieuse.*

La majorité des auteurs a toujours été de cet avis, même à l'époque où l'on ne parlait pas de microbes. Ceux qui contestaient ce caractère infectieux formulaient une objection sérieuse : La fièvre intermittente, disaient-ils, n'est pas transmise de l'homme à l'homme. Cette transmission, en effet, est un des caractères les plus constants des affections infectieuses.

Cette objection n'est pas fondée. A défaut de la transmissibilité spontanée qui n'existe pas, la transmissibilité expérimentale est démontrée. Voici les faits qui l'établissent: Le premier a été fourni par Gérhardt, en 1884. Sur deux individus qui n'avaient jamais eu de fièvre, cet auteur fit des injections avec du sang pris sur un malarique au moment de l'accès. Le septième et le douzième jour après l'inocculation, des accès apparurent d'abord irréguliers, puis bien réglés, et présentant la même périodicité qu'ils avaient chez le malade qui avait fourni le sang.

La même année, deux Italiens, Mariotti et Cuerrochi, opérèrent sur quatre individus. Tout en obtenant des résultats identiques à ceux de Gérhardt, ils s'aperçurent que les procédés d'injection entraient pour une grande part dans la réussite des expériences. Le résultat était négatif avec les injections sous-cutanées, tandis qu'elles étaient suivies de succès lorsqu'elles étaient faites directement dans les veines.

Ces expériences et celles de Marchiofava et Celli, en 1885, établissent clairement la possibilité de la transmission expérimentale de la malaria. Sous ce rapport, la fièvre intermittente se rapproche donc des autres maladies infectieuses.

2° *Quels sont les éléments pathogènes de la malaria?* Il est inutile de faire toute l'histoire des parasites de la fièvre intermittente. Sa partie intéressante ne commence qu'avec les recherches de Klebs et Tommasi Crudeli (1879-1881). Ces auteurs, à la suite de recherches et d'expériences nombreuses, décrivirent comme agents pathogènes de l'impaludisme un bacille allongé, appartenant à la même classe que les autres microorganismes pathogènes connus. Leurs communications furent accueillies avec une faveur marquée.

Vers la même époque (1880-1882), Laveran publia, de son côté, le résultat de ses recherches en Algérie. Les organismes qu'il décrivit ne ressemblaient plus aux bacilles connus. Aussi ses conclusions ne furent elles, au début, acceptées qu'avec une certaine défiance, et pourtant ces organismes étaient bien les organismes pathogènes de l'impaludisme. Des études nouvelles lui ont permis de confirmer ses premières conclusions, et tous ceux qui ont pris la peine de les contrôler les ont trouvées parfaitement justes.

Pour Laveran, les parasites de la fièvre intermittente sont des corps circulaires plus ou moins réguliers, parfois ovalaires réfringents et pigmentés, et dans la majorité des cas, renfermés dans le globule sanguin.

De quelle nature sont ces plasmodies ? Elles ne paraissent pas devoir être rangées à côté des bactéries. Golgi les considère comme appartenant à la famille de mixomycettes. Laveran y verrait volontiers des organismes animaux ; aussi les a-t-il appelés hématozoaires, nom sous lequel on les décrit actuellement.

Jusqu'ici on n'a pu trouver ces plasmodies que dans le sang. Marchiofava et Celli disent dans leur travail qu'ils ne les ont pas vu manquer 1 fois sur 120. Golgi, sur 40 observations, les a aperçus 38 fois.

Concilmann les a trouvés invariablement dans 80 cas, mais il a été impossible à Laveran de les apercevoir dans le sol et leur démonstration n'a pu être fournie par Grancher, malgré de nombreuses recherches poursuivies pendant deux années consécutives.

Est-ce à dire qu'ils n'y existent pas ? On ne pourrait le soutenir sans aller contre tout ce qui a été observé. La malaria est une maladie essentiellement tellurique, et l'observation ne permet pas de douter que l'organisme qui la provoque doit croître, vivre et se multiplier sur certains sols où il trouve les conditions nécessaires à son développement.

3° Ces faits établis, *recherchons les conditions qui peuvent favoriser l'éclosion et la dispersion de ces organismes.*

Les expériences et les observations de Miquel nous serviront de guides. Elles montrent que les étangs sont bien loin de mériter les reproches qu'on leur fait à ce sujet. Elles nous permettront aussi de pénétrer le mécanisme de l'infection.

« Plusieurs micrographes fort distingués, dit-il, avaient affirmé la présence de bactéries dans la vapeur d'eau émanée de la surface des infusions altérées. De plus, la chaleur humide ayant été signalée comme très favorable à la diffusion des schizomycètes, je me suis vu obligé de réfuter cette assertion, contredite, d'ailleurs, par la statistique des bactéries aériennes.

« Les vapeurs émanées des eaux les plus impures, du sol humide, sont toujours exemptes de germes. »

Pour le prouver, Miquel a imaginé deux séries d'expériences très intéressantes ; suivons-le dans son travail.

Il se propose donc de prouver l'*inocuité des vapeurs émanées des eaux impures*. Dans ce but, il établit d'abord la différence qui existe entre *l'évaporation* et la *pulvérisation ;* il est, en effet, essentiel de ne pas les confondre.

L'*évaporation* est le passage lent et tranquille à l'état de vapeur des liquides exposés au contact de l'atmosphère, tandis que la *pulvérisation* est le soulèvement des particules liquides, comparable au soulèvement des poussières sèches.

Pour démontrer expérimentalement la différence des effets de ces deux phénomènes, il a fait construire un système de boules accouplées et communiquant ensemble. Chaque boule parfaitement stérilisée est chargée de liquide nutritif également stérilisé. L'appareil est placé à l'étuve pendant un mois, et si les liquides gardent leur transparence la plus complète, on fait les expériences suivantes :

Le contenu de la boule A est ensemencé avec une bactérie cultivée à l'état de pureté ; il ne tarde pas à se troubler. Le liquide de la boule B, quoique communiquant librement avec elle, reste absolument intact, même après un séjour d'un mois à l'étuve.

On détermine alors le passage d'un courant d'air à travers la boule A (20 litres par 10 minutes). L'air est filtré à son entrée par une boule de coton, passe en barbotant dans la boule A et vient barboter dans l'infusion saine de la boule B. Alors on place de nouveau le système à l'étuve. Le contenu de la boule B intact avant le passage du courant d'air, se trouble et remplit de l'espèce microbique semée de la première boule.

Cette infection transmise à distance est évidemment due aux germes ou aux bactéries adultes soulevées par les bulles gazeuses qui viennent crever à la surface du liquide altéré et qui l'emportent avec elles dans le brouillard déterminé par la rupture de la mince lame formant leur enveloppe.

Pour prouver que c'est bien aux particules solides ou liquides entraînées par l'air qu'est due l'altération du contenu de la boule B, on place sur le trajet du col qui les rejoint un tampon de coton destiné à filtrer l'air venant du liquide putréfié et allant au liquide limpide. On peut alors faire barboter pendant une demi-journée 200 à 300 litres d'air dans les deux boules, sans parvenir jamais à déterminer l'altération du liquide placé dans le second vase B.

« Cette démonstration, à la fois élégante et rigoureuse, dit Miquel, établit solidement la première partie de ma proposition. Il me reste maintenant à démontrer la pureté microscopique de la vapeur échappée des infusions putrides par les phénomènes de l'évaporation.

« Après plusieurs essais, tentés dans le but d'opérer la distillation des liquides à basse température, j'ai adopté l'appareil suivant composé : 1° d'une cloche tritubulée, dont la base parfaitement rodée s'applique exactement sur un plateau de verre dépoli et dressé ; 2° d'un ballon suspendu au centre de la cloche, destiné à produire l'eau de condensation ; et enfin 3° d'un cristallisoir destiné à contenir les liquides ou les substances putréfiées.

« L'une des trois tubulures de la cloche est munie d'un tube de verre recourbé, employé à la fois à renouveler l'atmosphère de l'appareil, à introduire les liquides des expériences et quelquefois à porter l'infection au sein des liquides contenus dans le cristallisoir.

« La deuxième tubulure reçoit un tube abducteur et un thermomètre.

« La troisième sert à l'entrée et à la sortie de l'eau froide.

« Cela connu, il est superflu d'expliquer comment il est possible d'enlever à une infusion ou à toute substance humide une quantité d'eau souvent considérable. Un courant d'eau froide parcourt incessamment le ballon, dont la calotte inférieure se recouvre incessamment de fines gouttelettes, puis de fortes gouttes qui ruissellent à la partie inférieure de la surface condensante et tombent dans une capsule de platine placée sur un trépied au-dessus de l'infusion.

« L'eau de la Seine, l'eau d'égout, l'eau saumâtre distillée par ce procédé, de façon à obtenir 50, 100 centimètres d'eau condensée, n'ont jamais présenté la moindre bactérie.

« Plus tard, les infusions les plus putrides se sont également montrées impuissantes à fournir une eau de rosée contaminée par les microbes.

« Ces expériences décisives ne laissent plus le moindre doute. La vapeur est impuissante à soulever des infusions, le microbe le plus tenu, même quand son action est secondée par le courant d'air, déterminé par le refroidissement de l'atmosphère, et nous avons le droit d'en conclure que l'*eau évaporée à la surface du sol n'entraîne jamais de schizophytes.*

« Ce fait pouvait être directement vérifié : je n'ai eu garde de laisser passer l'occasion d'en vérifier la parfaite exactitude.

« Le cristallisoir de l'appareil fut rempli de terre fraîche, prise à une profondeur de 0,^{m}30 à 0,^{m}40, accusant par gramme environ 600,000 microbes rajeunissables dans le bouillon Liébig. A une des tubulures, j'adaptai un tube venant prendre l'eau condensée au-dessous du ballon refroidi au fur et à mesure de sa production, et la conduire à l'extérieur dans un petit creuset de platine placé à l'abri des impuretés atmosphériques.

« Après avoir, comme toujours, brûlé les germes répandus à l'extérieur du ballon condensateur, enduit de glycérolé d'amidon la paroi intérieure de la cloche, la plaque et la partie extérieure du cristallisoir, le robinet d'eau froide fut ouvert, et l'eau d'évaporisation ne tarda pas à couler dans le creuset. Cette eau fut ensemencée toutes les 12 heures dans plusieurs conserves nutritives à la dose de 10 grammes toutes les fois.

« Il fut alors facile de constater que l'eau, toujours pure dès le début de la condensation, s'infecte et se charge surtout de bacilles au moment seulement où la couche superficielle de la terre exposée au contact de l'eau devient sèche et pulvérulente.

« Si, utilisant le phénomène d'humectation par capillarité, on prévient la dessication de la terre, l'eau de vapeur, amenée à tous les instants dans le creuset de platine sous un volume de 100, 200 centimètres cubes et même d'un demi-litre, ne se présente pas souillée de microbes.

« Les bactéries sont donc parfaitement retenues dans les liquides qu'elles infectent et dans les substances qu'elles pénètrent. Pour passer à l'état de germes errants, aériens, les liquides qu'elles habitent doivent s'évaporer entièrement et les substances où elles sont établies doivent se réduire en poussière fine et sèche. Les dangers causés par les émanations humides sont donc chimériques. »

Telles sont les expériences de M. Miquel : j'ai tenu à reproduire presque en entier son compte rendu pour ne pas affaiblir ses conclusions.

Est-il juste, après cette démonstration scientifique, de continuer à accuser les étangs d'insalubrité, de les regarder comme la cause de la fièvre ? Pour ma part, je ne le crois pas.

Bien plus, je ne serai pas éloigné de penser qu'ils constituent un excellent moyen de purification pour les eaux qui viennent s'y déverser : sans ces réservoirs, sagement aménagés, elles se corrompraient dans les fossés, les mares, les flaques et les ornières.

En effet, les eaux des étangs proviennent des terres supérieures. Or, ces terres sont en Dombes, presque imperméables ; elles se laissent difficilement pénétrer par les détritus divers : fumiers, excréments répandus à leur surface. La pluie glisse sur elles et entraîne tous ces produits. S'ils n'étaient pas reçus dans les étangs, ils resteraient exposés à l'air et à la chaleur, qui les réduiraient promptement à l'état de dessication et de pulvérulence.

Dans les étangs, au contraire, surtout s'ils sont bien entretenus, ces résidus restent inoffensifs, comme le démontrent les expériences citées plus haut. Ils y trouvent même les meilleurs agents de destruction : ces agents sont les myriades d'insectes qui y pullulent, et servent eux-mêmes à nourrir et à engraisser les poissons.

Voici, à ce sujet, une lettre que M. Lugrin, l'intelligent directeur de la station piscicole de Grémax a bien voulu me communiquer :

« C'est en cherchant à reproduire ces insectes que je suis arrivé à découvrir que leur rôle était, en effet, d'absorber toutes les matières organiques plus ou moins insalubres amenées d'une façon ou d'une autre dans nos lacs, fleuves et rivières qui seraient littéralement empoisonnés, si ces animalcules n'en faisaient eux-mêmes leur alimentation.

« Il n'y a qu'à songer un instant à la quantité d'excréments que le poisson lui-même dépose au fond de l'eau, aux immondices de tout genre qui y arrivent de toutes parts, directement ou indirectement, à la suite des pluies, par exemple, ainsi qu'aux détritus divers, feuilles mortes, charognes, etc., etc., qui y tombent, pour comprendre qu'aucune eau ne pourrait être potable, si tout cela n'était pas mangé au fur et à mesure.

« Or, vous n'avez qu'à examiner consciencieusement pendant quelque temps l'estomac des poissons pour vous convaincre que ce ne sont pas eux qui sont chargés de cette besogne. Vous n'y trouverez que des traces d'insectes ou d'autres poissons, suivant les tailles et les espèces, et c'est pour cette raison qu'il m'est venue à l'idée que c'était à ces insectes qui pullulent partout qu'était dévolue cette mission.

« Les nombreux essais auxquels je me suis livré depuis, et qui m'ont conduit à la découverte de mes procédés actuels, n'ont pas tardé à me confirmer dans cette opinion, et me prouver que, sans eux, nos cours d'eau seraient complètement insalubres et qu'ils en sont réellement les seuls et uniques purificateurs. »

Ainsi, des expériences nombreuses montrent que les étangs à *l'état d'évolage* ne sont pas la cause de l'impaludisme. La science montre que, loin d'être dangereux, ils sont utiles, en purifiant les eaux contaminées, et qu'on pourrait presque les considérer comme de vastes ateliers de désinfection.

Objectera-t-on que si les *étangs en eau* ne sont pas dangereux, ils le deviennent lorsqu'ils sont *en assec?* Nous devons nous y attendre ; examinons donc la valeur de cette assertion.

Tout d'abord, faisons remarquer qu'elle est loin d'être admise par tous nos contradicteurs. Le docteur Bottex, adversaire déclaré des étangs, le reconnaît dans sa brochure *sur les causes de l'insalubrité de la Dombes :* « Une bonne partie des habitants, dit-il, ont affirmé que ces fièvres étaient beaucoup plus fréquentes pendant l'évolage que pendant l'année d'assec. » Et, pour le prouver, il fait les emprunts suivants au mémoire de Puvis. (Nous verrons qu'ici encore l'expérience condamne nos adversaires) :

« On nous a fait remarquer que Marlieux est moins malsain depuis que l'étang qui le touche a une année d'assec sur trois, au lieu d'être toujours en eau; et que c'est dans les années d'assec que les fièvres sont les plus rares.

« La commune de Saint-André-de-Corcy, d'après la déclaration de ses habitants, voit augmenter ou diminuer son insalubrité, suivant que les étangs voisins sont en eau ou en assec.

« Les habitants du château de la Saulsaye n'éprouvent point la fièvre lorsque les étangs de l'allée et Berthet sont en assec et ils en sont, au contraire, affligés lorsque ces étangs sont en eau.

« Le plus grand nombre des habitants de Villars s'est réuni pour déclarer que le pays est moins malsain depuis 12 ans que l'étang neuf a été desséché par M. Greppa.

« Le maire de Villeneuve écrit à la date du 3 février 1840 : « L'insalubrité qui résulte des étangs me semble tout à fait incontestable. A l'extrémité nord du bourg de Villeneuve, à 100 mètres à peu près du centre du bourg, se trouvait un étang appelé Lespinasse, d'une étendue d'environ 8 hectares. Lorsque cet étang se trouvait en assec, on apercevait peu de fièvres à Villeneuve, mais lorsqu'il était en *évolage*, chaque année, sur 100 habitants, 25 à 30 avaient la fièvre.

« Depuis 15 ans, c'est-à-dire depuis que cet étang a été totalement desséché, on ne voit plus dans le bourg de Villeneuve les fièvres endémiques qui, chaque année, désolaient la population de cette commune » (Bottex, des causes d'insalubrité de la Dombes.)

Ainsi la fièvre serait rare quand l'étang est en *assec*, et elle disparaît quand la culture y est appliquée. Cela ne nous surprend pas, parce que la science nous apprend que le meilleur moyen de détruire les germes pathogènes, en dehors des mesures directes de désinfection, c'est de les répandre sur les champs où se pratique la culture intensive. Plus les remuements de terrain sont fréquents, plus la totalité des germes sera rapidement exposée à l'action destructive de la lumière et de l'air. Or, n'est-ce pas ce que le Dombiste fait lorsqu'il a vidé son étang?

Pourtant, la malaria existe : on la constate encore en Dombes, malgré tous les travaux exécutés. Pourquoi? La raison est bien simple, c'est qu'il s'y trouve encore bien des causes d'impaludisme, sur lesquelles on n'ose pas insister ou qu'on a trop négligé de mettre en évidence. Jusqu'à présent, on a surtout attaqué les étangs, on en a desséché un grand nombre de malsains, et on a bien fait, mais, malheureusement, la fièvre larvée ou franche sévira encore longtemps.

La cause de l'impaludisme en Dombes n'est pas dans les étangs bien organisés, *elle est à côté*. Cette cause est multiple, et les remèdes sont difficiles à faire accepter.

Mais un fait important, reconnu par tous, se remarque en Dombes, c'est que la fièvre s'y fait de plus en plus rare, et, quand elle se montre, elle ne revêt plus les formes terribles qui la faisaient tant redouter. Les partisans du dessèchement l'attribuent à la disparition des étangs, et ils en tirent des déductions en faveur de leur thèse.

Je reconnais le fait, mais je trouve leur opinion trop exclusive. Dans le cas présent, ils ne tiennent pas compte de toutes les améliorations, des progrès immenses qui se sont produits en Dombes, dans l'alimentation, l'habitation, le vêtement, en un mot de toutes les causes qui ont augmenté la résistance de l'individu.

Ce n'est pas d'aujourd'hui que la valeur de ce facteur de vitalité a été reconnu. Voilà ce que des anciens Dombistes, bien au courant de la question, disaient déjà en 1860, avant le dessèchement :

« Pour faire ressortir ce qu'une bonne alimentation, combinée avec l'observation des lois de l'hygiène en général, peut contre la fièvre et les maladies, nous pouvons utilement citer ce qui se passe à la Saulsaie.

« Il est fort rare d'y voir des cas de fièvre parmi les ouvriers nourris à l'établissement, tandis qu'il s'en rencontre assez souvent, dans les familles d'ouvriers, qui, bien que résidantes sur le domaine, ne reçoivent pas leur nourriture à l'école.

« Indépendamment de la bonne nourriture des ouvriers, on a la simple précaution de ne les laisser jamais sortir à jeun. Chacun d'eux dispose d'une limousine. De plus, quand ils ont reçu la pluie, des dispositions sont prises pour qu'ils puissent immédiatement changer de linge et se sécher autour du feu. » (Pichat et Casanova, examen de la question en Dombes, 1860).

J'ajouterai que, peut-être jadis, bien des cas graves, dits pernicieux, ont pu être attribués à tort au paludisme. Cette supposition m'a été suggérée par quelques faits que j'ai observés en Dombes. En face de malades pris subitement d'accidents toxiques, de forme insolite, mais graves, j'ai cru, tout d'abord, à des accès pernicieux, mais un examen plus attentif, puis le traitement spécial, me montraient que mes malades étaient des brigtiques en état d'urémie. Je signale le fait à la sagacité de mes confrères pratiquant dans la Dombes.

CHAPITRE IV

Utilité des Etangs en Dombes

Les étangs ne sont pas nuisibles ; ils ne sont pas la cause de la fièvre, ajoutons qu'ils sont utiles. L'étude du climat et du sol de la Dombes nous prouvera qu'ils rendent de grands services à notre pays.

1° *Le Climat.* — Sous le rapport de la température, la Dombes est incontestablement une des régions les moins favorisées de la France.

Bien que la moyenne de la température y soit sensiblement égale à celle de Paris. Il n'en existe pas moins entre ces deux climats des différences considérables.

Sous l'influence des vents du Nord, la Dombes est exposée à de fréquents refroidissements, qui abaissent la température moyenne de l'hiver à + 1°,79, tandis que celle de Paris ne descend pas au-dessous de + 2°,30 (Poirier). Cette différence, très faible, sans doute, acquiert une grande importance, lorsqu'on considère la latitude dss deux pays.

La température estivale est également plus élevée en Dombes de + 1°,50.

Aussi plus de chaleur en été, plus de froid en hiver, voilà ce qui distinguait le climat de la Dombes avant le dessèchement des étangs.

Etant donnée l'influence connue de masses d'eau pour régulariser les climats, il serait intéressant de savoir si, depuis la disparition d'un grand nombre de ces réservoirs, la chaleur et le froid n'ont pas augmenté : mais les éléments de cette comparaison me manquent, et nous devons renoncer pour le moment à en donner les résultats.

Les moyennes de température ont sans doute leur importance, mais les éléments qui les fournissent sont encore plus intéressants pour le sujet qui nous occupe. Ainsi, la température de chaque mois, de chaque jour, présente des oscillations et des différences bien plus prononcées que ne pourrait le faire supposer les rapports de la température entre les deux climats pendant une saison.

Moins de changements brusques, moins de passages rapides du froid à la chaleur, et par conséquent moins de gelées suivies de dégel : voilà un des avantages les plus saillants qui caractérise le climat de Paris, si on le compare à celui de la Dombes.

Le passage du printemps à l'été se fait insensiblement à Paris, et la sécheresse tarde à s'y faire sentir. Chez nous, au contraire, le printemps est presque nul, et l'on peut dire que l'été succède à l'hiver, la sécheresse excessive à l'humidité. (Pichat et Casanova).

La différence entre les deux climats n'est pas moins grande au point de vue de l'équilibre qui doit exister entre la pluie et l'évaporation. A la Saulsaie, c'est-à-dire en pleine Dombes, il y a 107 jours de pluie fournissant 0,^{m}85 d'eau, à Paris 157 jours fournissant 0,^{m}57 d'eau.

Pour l'eau comme pour la température, les moyennes importent moins pour établir la nature d'un climat que les éléments qui les constituent : Les grandes pluies, en effet, sont plus nuisibles qu'utiles à l'agriculture. Lorsque le sol est saturé, l'eau qui tombe ne sert qu'à laver la terre et à entretenir dans son sein une humidité excessive. Or, la moitié de l'eau d'une année tombe à Paris en cinq mois et demi, et à la Saulsaie en quatre mois seulement.

Quant à l'évaporation, tandis qu'elle s'équilibre presque mois par mois avec les pluies dans la zone de Paris, elle est dans la Dombes tantôt trop forte, tantôt trop faible par rapport à l'eau tombée.

Voici d'ailleurs un tableau tiré du travail de MM. Pichat et Casanova. Il donnera une idée exacte des deux climats au point de vue de la bonne ou mauvaise répartition des eaux pluviales :

QUANTITÉ DE PLUIE TOMBÉE

	A Paris.	A la Saulsaie.
Octobre	37mm 1	113mm
Novembre	46, 9	71
Décembre	37, 6	47
Janvier	37, 9	35
Février	40, 9	40
Mars	27, 5	27
Avril	53, 2	54
Mai	60, 0	120
Juin	61, 4	106
Juillet	59, 1	68
Août	51, 4	103
Septembre	50, 5	66
Totaux	560mm	850mm

2° *Du sol.* — Le sol de la Dombes, ainsi qu'il résulte des études de Pouriau, peut être considéré, comme ayant une composition identique sur tous les points de son vaste territoire (100.000 hectares). Le sous sol n'en diffère pas sensiblement.

L'analyse chimique accuse 90 0/0 de matières tenues et 10 0/0 de sable et de gravier, le plus souvent en égale proportion :

Silice....................	84.40
Alumine................	8.00
Fer.......................	5.80
Carbonate de chaux	0.76
Carbonate de magnésie....	1.04
Total............	100 »

Il ressort de cette composition, un fait important. Le voici : Dans le sol de la Dombes, la silice se trouve dans une proportion énorme et lui communique les propriétés physiques, chimiques et agricoles qui en sont la conséquence.

Cette silice s'y trouve non seulement en abondance, mais dans un état de finesse qui la rend imperméable et lui donne, sous quelques rapports, les propriétés fâcheuses de l'argile, en lui conservant les défauts du sable.

En étudiant le climat, nous avons vu qu'il tombait une quantité considerable de pluie en Dombes, et que cette pluie était mal répartie. Si l'on ajoute que la terre absorbe une très faible quantité d'eau, ne s'en laisse pas pénétrer, mais est facilement entraînée elle-même, nous comprendrons aisément la raison d'être des étangs, et la fertilité dont ils jouissent sans recevoir du fumier. L'eau, en effet, en s'écoulant, n'emporte pas seulement la silice, mais de plus, une grande quantité de matières organiques.

L'imperméabilité du sol et du sous-sol, l'insuffisance de l'absorption, ont encore d'autres conséquences non moins importantes.

La moindre pluie étant suffisante pour saturer la terre,

et l'équilibre d'humité s'établissant lentement entre les diverses couches du sol, en hiver, l'humidité règne constamment à la surface des terrains.

Lorsqu'une gelée arrive sur une terre ordinaire, cette terre subit une dilatation, un soulèvement uniforme dans toutes les parties atteintes par la gelée, et les racines ne sont pas tiraillées. Dans la Dombes, au contraire, la couche superficielle, seule se soulève, en raison de la grande quantité d'eau qu'elle renferme, et entraîne dans ce mouvement les plantes dont les racines sont arrachées.

Au moment du dégel, la terre s'affaisse et les racines restent déchaussées.

Les mêmes causes produisent en été des effets opposés et non moins dangereux.

La pluie est-elle abondante, et c'est le cas le plus fréquent en Dombes, la lenteur avec laquelle la terre absorbe l'eau, le point de saturation peu relevé, font que l'eau est entraînée dans les raies d'écoulement et de là à la rivière au lieu de servir aux besoins des plantes.

Si, après une pluie, le soleil survient, l'effet est tout autre. L'action mécanique de l'eau, rapproche les unes des autres les particules très fines du sol. Ces particules, à cause de leur finesse, se juxtaposent et se serrent si bien que la surface, en se séchant, forme une couche très mince et très dure, qui étrangle les plantes au collet, et par là même, ralentit la germination des graines et la décomposition des matières organiques.

Qu'une pluie survienne dans ces conditions, elle pénétrera encore plus difficilement le sol et glissera dans les raies d'écoulement.

De plus, la difficulté avec laquelle l'air pénètre dans le sol, est un obstacle à son aération. Les fumiers placés, pour ainsi dire à l'abri de l'air, se décomposeront difficilement et ne fourniront aux plantes qu'une nourriture insuffisante.

Pendant l'été encore, la terre de la Dombes absorbe lentement la chaleur, mais la conserve longtemps. Cette accumulation de calorique, sous un climat où la sécheresse et la chaleur sont si fortes, est funeste à toutes les plantes et, en particulier, à celles qui croissent dans le sol. De sorte que, si les semences hâtives du printemps, souffrent du froid et de la lenteur de la végétation par suite de l'humidité, et la difficulté d'absorption de la chaleur, les semailles tardives sont surprises par la sécheresse.

Au point de vue physique, le sol de la Dombes est donc défavorable à l'agriculture. Il ne l'est pas moins au point de vue de sa composition chimique ; il lui manque, en effet, deux des éléments essentiels des bons sols arables : le *calcaire* et le *phosphore* (1).

---

(1) Voici, à titre de curiosité, deux analyses chimiques de terres dombistes :

N° 1. —	Graviers.......	2	p. %	
	Chaux..........	0.035	»	très pauvre.
	Acide phosphor...	0.020	»	très pauvre.
	Potasse........	0.060	»	pauvre.
	Azote..........	0.240	»	riche.
N° 2. —	Graviers.......	1.050	p. %	
	Chaux..........	0.050	»	faible.
	Acide phosphor...	0.015	»	très faible.
	Potasse........	0.045	»	faible.
	Azote..........	0.115	»	assez riche.

Le chimiste ajoutait l'observation suivante :

La présente terre (n° 2) est très pauvre en acide phos-

Ces corps ne s'y trouvent qu'en quantité minime, suffisante jusqu'à un certain point pour les besoins de la végétation, mais insuffisante pour obtenir un rendement intensif.

C'est ce qui explique l'importance du *chaulage* et les beaux résultats obtenus dès qu'on y a eu recours. La chaux et le phosphore, en effet, outre qu'ils fournissent au terrain un élément qui lui manque, ont l'avantage de diminuer la compacité du sol et de faciliter l'accès de l'air atmosphérique.

Ainsi : imperméabilité du sol et du sous-sol, point de saturation peu élevé de la terre, lenteur d'absorption de l'humidité, mauvaise répartition des eaux pluviales, sécheresse naturelle du climat, fréquence et intensité des vents desséchants, manque de calcaire et de phosphore : tels sont les caractéristiques du climat et du sol de la Dombes. Si l'on ajoute la *trop grande étendue des propriétés* pour les moyens dont disposent les cultivateurs, on a les éléments nécessaires pour se faire une idée exacte de la situation véritable de la Dombes, au point de vue agricole.

Peut-on s'étonner, dès lors, que ses habitants aient cherché un moyen pratique de tirer parti d'un pays si pauvre, d'un sol si ingrat?

Ce moyen, ils l'ont trouvé dans la formation des étangs, et nous croyons qu'ils ont raison d'y tenir. « Le pays, dit le Dr Vaulpré, était couvert de lacs naturels, de marais stériles et insalubres. Les Dombistes ont donné un écoulement à ces eaux inutiles, en leur créant des vidanges

---

phorique, en potasse et en chaux. En acide phosphorique surtout, c'est un des sols les plus pauvres que j'ai jamais rencontré.

artificielles. Le sol, mis à découvert et vivifié par les rayons de soleil, leur a fourni une récolte abondante. Quand il a été épuisé, ils ont imaginé de le régénérer en le couvrant d'eau, pour le remettre en culture ensuite. »

Plus tard, en raison des bons résultats obtenus, d'autres parties incultes ont été inondées, afin d'obtenir les mêmes résultats. « L'intérêt, dit Berthollet, a sanctionné cet usage (eau et culture alternatives). Tous les colons ont vu que le sol couvert d'une même terre végétale, ne donnait que des produits faibles et incertains avec beaucoup de peines et cinq labours. Ils ont vu que les grands froids, comme les grandes pluies attaquaient ou détruisaient souvent le blé d'hiver; tandis que les étangs cultivés sans engrais, avec un seul labour, sans crainte de gelée, donnaient de belles récoltes. »

Le célèbre chimiste reconnaissait encore que les étangs avaient été pour le cultivateur dombistes une jachère d'eau d'autant plus utile, que, puisant largement aux sources des agents naturels, ils fournissaient l'engrais naturel, et donnaient de plus une denrée animale, le poisson, utile à l'alimentation de l'homme.

« La jachère, disent MM. Pichat et Casanova, subsiste encore en Dombes; elle y est nécessaire. Elle pèse sur la production sans doute, mais par la mauvaise nature du sol plutôt que par elle-même. Quoi qu'il en soit, elle est encore, par la force des choses, le moyen le plus économique de tirer partie du sol, et le système des étangs, au point de vue agricole, lui est incontestablement supérieur. » L'étang, en effet, n'est en résumé qu'une jachère d'eau productive qui remplace une jachère nue improductive.

En faveur des étangs, on peut encore invoquer des considérations d'un ordre plus général. Exposons-les brièvement.

Etant donnés : 1° la composition du sol qui est imperméable ; 2° le climat qui est changeant ; et 3° la configuration du territoire (loin d'être un plateau, la Dombes représente un soulèvement en dos d'âne, dont la dorsale s'élève à plus de 300 mètres au-dessus de la mer, tandis que ses bases descendent à plus de 150 mètres) ; étant donnés, dis-je, ces trois éléments, on peut se demander si les étangs ne sont pas vraiment utiles pour tempérer le climat, prévenir les inondations et abreuver les bestiaux.

1° On sait que les grandes masses d'eau régularisent les climats. Or, les étangs, en retenant une grande quantité d'eau, doivent avoir une influence sur les températures moyennes de la région. Leur disparition successive a dû augmenter les extrêmes de chaleur et de froid en Dombes.

C'est un point qui mériterait d'être étudié à fond, et que je désirerai vérifier ; mais, je l'ai dit, les éléments me manquent pour le faire.

2° Les étangs ont une influence considérable sur l'aménagement des eaux. La Dombes, plus que tout autre pays, a besoin d'irrigations ; plus que bien d'autres aussi, soit à cause de l'abondance et de la mauvaise répartition des pluies, soit par suite de la faible quantité d'eau absorbée par le sol, elle est exposée à des inondations soudaines dans les parties basses. Des réservoirs sont donc nécessaires pour retenir les eaux trop abondantes et les distribuer ensuite suivant les besoins de la culture.

Or, les étangs sont ces réservoirs. Non seulement, ils empêchent les engrais entraînés par la pluie d'être perdus, mais ils reçoivent et gardent les eaux qui, sans eux, se précipiteraient dans les rivières et iraient inonder les parties basses au grand détriment des récoltes.

Quand il s'est agi de dessèchement, des esprits sages et expérimentés avaient essayé d'appeler l'attention sur ce point, et avaient crié gare : « Il y va de l'existence des vallées, car l'imagination est effrayée, lorsqu'on calcule la quantité d'eau qui peut s'écouler à un moment donné par la Sereine, par exemple, dans l'hypothèse d'un dessèchement général de tous les étangs, qui sont compris dans le bassin qui l'alimente. » (Pichat et Casanova.)

Mais leur voix avait été étouffée par les cris d'enthousiasme des promoteurs du projet, quand l'Etat décréta la loi sur la licitation et accorda les primes. Bien plus, quand le projet fut mis en exécution, on ne fit rien, on ne prévit rien pour empêcher les conséquences annoncées.

Quelques années ne s'étaient pas écoulées qu'on l'aperçut bien dans le bassin de la Charonne, de la Veyle, du Vieux-Jonc, de l'Irance et surtout de la Sereine.

Ces cours d'eau, en effet, qui proviennent de la région des étangs, présentent des pentes considérables, et, en raison de l'imperméabilité du terrain et de la quantité de pluie en Dombes, se transforment rapidement en torrent, surtout la Sereine, qui, partie de la cote 300 environ, arrive à la cote de 198 à Montluel, après un parcours de 7 kilomètres.

Avant le dessèchement des étangs, ils avaient un débit relativement lent, parce que les étangs retenaient les eaux de pluie et, véritables réservoirs d'arrêt, faisaient en petit l'office du Léman pour le Rhône, du lac de Constance pour le Rhin : ils étaient les régulateurs des cours d'eau dombistes.

Mais les conditions ont bien changées depuis la disparition d'un grand nombre d'étangs.

Sans parler des crues fortes qui inondent plus souvent les terres avoisinant la Charonne, la Veyle, j'insisterai sur les désastres de plus en plus fréquents qu'on observe autour de la Sereine dans son cours inférieur. Les habitants de Montluel et des environs en savent quelque chose par expérience. On parle déjà de 5 à 600,000 francs d'endiguements, de rectifications nécessaires qu'on aurait évité si l'on avait conservé les précieux réservoirs que je défends.

A l'occasion des désastres récents produits par les inondations, on a accusé la rupture des digues de plusieurs étangs, et, encore une fois, ces réservoirs ont été regardés comme la cause des méfaits. On citait même les étangs coupables. Sur le premier moment, il était impossible de contrôler tous les racontars qui circulaient. Mais, depuis, ayant eu l'occasion d'en causer avec les propriétaires eux-mêmes de ces étangs, j'ai appris, d'une façon certaine, que les digues en question étaient et avaient été toujours en bon état. L'inondation des territoires inférieurs de la Charonne, puisqu'il faut préciser, n'était pas due à la rupture de la digue du grand Glareins, mais devait être attribuée plutôt à la disparition des étangs inférieurs qui, ne retenant plus la masse de pluie, laissaient l'eau des rivières se précipiter avec furie dans les parties basses.

Je dois encore citer un avantage bien prosaïque des étangs, mais très apprécié jadis, puisqu'il constituait un droit spécial : je fais allusion à *l'abreuvage*. A l'heure actuelle, en été, quand la sécheresse a diminué les *botasses*, presque tari les puits, il n'est pas rare de voir, en Dombes, des fermiers obligés de faire 3 et 4 kilomètres pour faire boire leurs bêtes. Or, ces difficultés n'existaient pas avant le dessèchement des étangs.

CHAPITRE V

Etude démographique de la Dombes de 1800 à 1896

Parmi les criteriums de l'état sanitaire d'un pays, les meilleurs sont le mouvement de la population à des époques successives, l'excédant des naissances sur les décès, l'âge moyen des décédés, la mortalité générale. Je me propose d'étudier ces criteriums pour la Dombes.

Cette étude, dans le cas présent, est d'autant plus instructive, que des recherches ont déjà été faites dans cette direction avant le dessèchement des étangs, et, qu'on peut les comparer avec les résultats observés dans la période qui a suivi le dessèchement.

Elle permettra de fixer d'une manière exacte la part qui revient aux étangs dans la prétendue insalubrité de la Dombes, et fournira en même temps une sanction à mes conclusions.

Pour mon travail, je me suis servi de la brochure du docteur Marion, de Trévoux qui, en 1860, faisait paraître ses *Recherches statistiques sur la Dombes*. J'ai suivi la marche qu'il a adoptée pour la composition des pays d'étangs, le classement des communes et la division en périodes des années écoulées depuis le commencement du siècle.

Composition des pays d'étangs. — On a pris les 40 communes de l'arrondissement de Trévoux, constituant le pays d'étangs suivant un document administratif ; mais on a eu soin d'éliminer : 1º Les communes de l'arrondissement de Trévoux, dont la plus grande partie comme territoire et comme population existe en dehors du territoire dombiste, c'est-à-dire les *rivages*; 2° les petites villes de Chalamont, Châtillon-les-Dombes et Montluel dont la population est surtout urbaine.

Classement des 40 communes. — Les 40 communes ont été partagées en quatre sections suivant l'importance de leur surface inondée :

	en 1860		en 1896
La 1re section avait	36 0/0	de sa surface en étangs	25 0/0
La 2e section......	24 0/0	id.	15 0/0
La 3e section......	13 0/0	id.	8 0/0
La 4e section.....	6 0/0	id.	4 0/0

Les chiffres indiquant la proportion des surfaces inondées actuellement sont certainement supérieurs à la réalité. Ils ont été obtenus en ne tenant compte que des 6,000 hectares desséchés par la compagnie des Dombes. Or, beaucoup d'autres étangs ont disparu, grâce à l'initiative privée, et ne sont pas compris dans la statistique précédente.

Division en périodes. — On a divisé les 96 années écoulées depuis le commencement du siècle en quatre périodes :

Première période. — « Pendant les 30 premières années du siècle, la Dombes est dans une immobilité complète. L'ère de progrès qui, pour la France, date de 1789, ne commence en Dombes que vers 1827-1828, par l'introduction d'amendements nouveaux et consécutivement de cultures nouvelles. »

Deuxième période (1832-1842). — La loi de 1830 ouvre de nombreux chemins vicinaux. Ces voies nouvelles multiplient les rapports du dombiste avec les habitants des contrées voisines.

Il apprend à construire des habitations plus saines, à se mieux vêtir, à se mieux nourrir, à substituer aux instruments et aux procédés imparfaits de sa culture, des instruments et des procédés perfectionnés. L'instruction primaire, complètement négligée jusqu'alors développe son intelligence.

Dans la troisième période (1843-1853). L'aisance commence à remplacer la misère. Une route de première classe, amène une circulation continue au centre même du pays d'étangs.

On crée une école régionale d'agriculture à la Saulsaix ; un réseau de chemins agricoles est en voie d'exécution. Le drainage s'introduit, des subventions, des prêts, les conseils et le concours gratuit d'agents spéciaux sont mis à la disposition des propriétaires. Le curage des cours d'eau est commencé, etc., etc.

Dans la 4e période (1855-1896). — L'amélioration est encore plus sensible. Le desséchement, sous l'impulsion gouvernementale prend une grande extension. La loi sur la licitation des étangs est promulguée en 1856. La compagnie des Dombes construit le chemin de fer de Bourg à Lyon avec l'engagement de dessécher 6,000 hectares d'étangs. En 1860, le desséchement est terminé, et, depuis cette époque jusqu'à nos jours, on peut en constater le résultat.

A. — Mouvement de la population dans les communes du pays d'étangs de 1800 à 1896

Le tableau suivant le fait amplement ressortir. Après l'avoir parcouru, il nous suffira d'en tirer les conclusions.

Tableau A. — *Mouvement de la population dans 40 communes rurales de la Dombes de 1800 à 1896*

	1800	1820	1831	1836	1841	1846	1851	1856	1866	1876	1891	1896
Section A...	3.438	3.485	3.857	4.825	4.276	4.912	5.275	5.111	5.650	6.046	6.360	6.095
Section B...	2.483	3.286	3.024	3.183	3.256	3.553	3.734	3.724	3.951	3.955	4.070	3.966
Section C...	3.603	4.946	5.203	5.658	5.757	6.330	6.807	6.736	7.327	7.090	6.992	6.720
Section D...	3.707	4.193	4.400	4.464	4.496	5.033	5.328	5.123	4.986	5.416	5.556	5.279
Totaux...	13.231	16.062	16.484	17.330	17.785	19.828	21.144	20.694	22.920	22.507	22.978	22.069
	Accroissement en 31 ans 3.253 habitants soit 104 habitants par an			Accroissement en 10 ans 1.301 habitants soit 130 habitants par an		Accroissement en 10 ans 3.359 habitants soit 335 habitants par an		Accroissement en 41 ans 1.831 habitants soit 59 habitants par an				Diminution en 5 ans 852 habitants soit 170 habitants par an

Ainsi de 1800 à 1831, l'accroissement total de la population des 40 communes dombistes est de 3,255 habitants. L'augmentation pendant cette période est donc de 104 habitants par an, en moyenne.

De 1842 à 1852, l'augmentation est de 3,359 habitants soit 335 habitants par an en moyenne.

De 1842 à 1852, l'augmentation est de 1301, soit 59 habitants en moyenne par an.

Mais en 1896, cinq ans après, le recensement n'accuse plus que 22,060 habitants dans les 40 communes étudiées, c'est-à-dire on observe une diminution de 852 habitants.

Ces résultats permettent de faire des observations intéressantes.

Depuis le commencement du siècle, la population augmente constamment en Dombes. De 13,230 habitants en 1800, elle est montée à 23,978 en 1891, soit une augmentation de 9,748 habitants en 91 ans.

Cette augmentation, ne s'est pas montrée seulement pendant ce siècle. En effet, d'après Expilly, on peut établir que la population des 40 communes dombistes était de 7,000 âmes environ en 1701, de 10,000 en 1792.

« Ce chiffre initial, rapproché des 13,000, donné par le recensement de 1800, constitue un accroissement de 6,000 environ pendant le cours du XVIIIe siècle » (Dr Marion).

Pendant le siècle dernier, pendant la plus grande partie de ce siècle, les étangs, n'ont donc pas amené la dépopulation de la Dombes.

Voilà ce que je disais en 1892, dans mon premier travail. Après le recensement de 1896, on peut être plus affirmatif.

Pour la première fois, depuis le commencement du siècle, près de 50 ans après le dessèchement des étangs, c'est-à-dire après une période, qui permet d'apprécier les résultats de ce grand travail, qui devait, disait-on, transformer la Dombes, la régénérer, l'enrichir, la peupler, pour la première fois, la population est en diminution, et malheureusement en forte diminution.

Les 40 communes rurales de la Dombes, constituant, ce qu'on a l'habitude d'appeler le pays d'étangs, ont perdu *en 5 ans*, 852 habitants. Autrement dit, le 25e de la population a disparue, sans qu'il y ait eu une guerre, et cependant la natalité a été forte, et la mortalité a été très faible, pendant cette période, comme nous le verrons.

Si cette proportion restait la même pendant les dernières années du siècle, au prochain recensement, en 1901, la diminution de la population en Dombes serait aussi forte que son augmentation était prononcée quand il y avait beaucoup d'étangs.

Si c'est là le résultat du grand travail, qu'on a tant vanté, il faut avouer, qu'il n'est pas brillant, et l'on comprend mieux, dès maintenant, les regrets des dombistes indigènes quand on parle devant eux du temps passé.

Mais je vais plus loin : l'accroissement ou la population dombiste est plus lent dans la période qui a suivi le dessèchement des étangs qu'auparavant.

On voit, en effet, que de 1800 à 1842, époque où la culture des étangs était en pleine floraison, l'augmentation annuelle a été de 111 habitants en moyenne, tandis que de 1851 à 1891, c'est-à-dire après le dessèchement elle n'est que de 65, et que de 1891 à 1896, période où la transformation est accomplie, la perte annuelle est de 170 par an.

Je me contente de signaler ce fait, sans en rechercher les causes ; mais il me sera permis d'en tirer cette conclusion : *Les étangs, au point de vue de l'accroissement de la population, n'ont pas une influence mauvaise ; ils ne peuvent être accusés de provoquer la dépopulation.*

Si l'on recherche la proportion entre la surface inondée d'une part, et l'accroissement ou la diminution de la population d'autre part, avant et après le desséchement, on arrive aux résultats suivants :

Tableau B. — *Rapport entre la surface en Etangs et l'accroissement ou la diminution de la population en dombes*

	1820	1851		1861	1891		1896	
	Habitants	Habitants	Augmentation annuelle	Habitants	Habitants	Augmentation annuelle	Habitants	perte annuelle
	—	—	—	—	—	—	—	—
Section A.......	3.634	5.275	+52.9	5.313	6.360	+34	6.095	—51
Section B.......	3.286	3.734	+14.5	3.747	4.070	+10	3.966	—20
Section C.......	4.949	6.807	+59.9	6.751	6.992	+7.8	6.720	—34
Section D.......	4.193	5.328	+36.6	5.199	5.556	+11.5	5.279	—63

D'où il suit que, pendant la période des étangs, l'accroissement de la population a été trois fois plus considérable dans la section A qui a 36 0/0 de sa surface des étangs que dans la section D qui n'en a que 6 0/0.

Que conclure? C'est que si la présence des étangs dans le section A, où ils sont les plus nombreux et les plus étendus, n'a pas été, nous l'admettons, la cause de l'énorme accroissement observé, au moins elle n'y a pas fait obstacle.

Après le recensement de 1896, on peut ajouter : La diminution de la population a été plus forte dans la section D, qui cependant, ne contient presque plus d'étangs : 63 habitants en moins par an, tandis que la section B qui a encore 15 0/0 de sa surface en étang n'en perd que 26.

L'accroissement de la population en Dombes comparée à celui de la France entière, pendant la première moitié du siècle est plus considérable : 11 pour 1,000 en Dombes, 6 pour 1,000 dans la France.

Dans la seconde moitié dn siècle, c'est-à-dire depuis qu'on a entrepris le desséchement des étangs, l'augmentation relative s'est bien abaissée, et maintenant la population dombiste est en baisse et en forte baisse.

B. — Excédant des naissances sur les décès.

Les tableaux qui suivent nous réservent quelques surprises.

Tableau C. — *Excédant ou diminution des naissances sur les décès dans les 40 communes en étangs*

	1802-1812			1813-1822			1823-1832		
	Naissances	Décès	Excédant ou diminution	Naissances	Décès	Excédant ou diminution	Naissances	Décès	Excédant ou diminution
	—	—	—	—	—	—	—	—	—
Section A.	1.232	1.328	— 96	1.445	1.318	+127	1.515	1.411	+104
Section B.	1.192	1.206	— 14	1.374	1.255	+119	1.199	1.120	+ 79
Section C.	1.627	1.776	—149	1.975	1.646	+329	2.017	1.937	+ 80
Section D.	1.473	1.755	—282	1.673	1.634	+ 39	1.708	1.721	— 13
Totaux	5.524	6.065	—541	6.467	5.853	+614	6.439	6.189	+250

Tableau C. — (Suite.) *Excédant ou diminution de naissances sur les décès.*

	1833-1842			1843-1852			1853-1872		
	Naissances	Décès	Excédant ou diminution	Naissances	Décès	Excédant ou diminution	Naissances	Décès	Excédant ou diminution
	—	—	—	—	—	—	—	—	—
Section A................	1.545	1.544	+ 1	1.746	1.511	+ 235	3.359	2.963	+ 396
Section B................	1.246	1.195	+ 51	1.325	1.090	+ 235	2.360	2.036	+ 324
Section C................	2.083	1.825	+258	2.179	1.672	+ 507	3.970	3.225	+ 745
Section D................	1.729	1.512	+217	1.815	1.464	+ 351	3.218	2.741	+ 477
Totaux	6.603	6.076	+527	7.065	5.737	+1.328	12.907	10.965	+1.942

Tableau C. — (suite) *Exédant ou diminution de naissances sur les décés.*

	1872-1883			1883-1892			1891-1896		
	naissances	décès	excédant ou diminution	naissances	décès	excédant ou diminution	naissances	décès	excédant ou diminution
Section A	1736	1085	+651	1601	1126	+475	698	595	+103
Section B	1189	786	+403	1014	614	+400	462	316	+146
Section C	1818	1435	+383	1660	1236	+424	796	591	+205
Section D	1432	1002	+430	1387	1039	+348	643	488	+155
Totaux	6185	4308	+1867	5662	4015	+1647	2599	1990	+609

« L'excédant des naissances sur les décès, dit Fonsagrives, est la résultante de deux facteurs : Le mouvement de la natalité et le chiffre de la mortalité. Lesquels peuvent s'influencer de telle façon, que, avec une mortalité accrue, les naissances s'accroissant dans une proportion encore plus considérable, on ait une élévation de l'excédant. Il est donc la mesure de la fécondité d'une population bien plus que celle de sa valeur Hygide. »

Quoi qu'il en soit, voici les résultats auxquels je suis parvenu, permettant encore des observations intéressantes.

A. — Dans la Dombes, le nombre des naissances a toujours augmenté, chaque année, depuis le commencement jusqu'au milieu du siècle.

Depuis, la natalité est en décroissance.

Dans la première période (1800-1831). Les naissances suivent une progression régulière.

Dans la deuxième période (1831, 1842), la progression continue.

Dans la troisième, elle atteint son apogée.

Mais dans la quatrième et surtout depuis 1891, le nombre des naissances diminue et revient presque à celui des premières années du siècle.

Je tiens à constater le fait. Je ne veux pas, je le répète, en déduire que la diminution des étangs a provoqué la diminution des naissances. Mais puisque, au moment où les étangs étaient plus répandus, la natalité était progressive, et qu'elle est en diminution depuis leur disparition, il me sera au moins permis de dire que les étangs ne provoquent pas la diminution des naissances.

B. -- Depuis le commencement du siècle, à l'exception de la première décade, les naissances ont toujours été plus nombreuses que les décès.

L'infériorité des naissances par rapport aux décès pendant les premières années du siècle, s'explique par les guerres du premier Empire. Mais pendant les décades suivantes, l'excédant est successivement de 614, 250, 527, 1328, 615, 1327, et atteint son maximum de 1873 à 1882. De 1882 à 1891, il n'est plus que de 1647, et de 1891 à 1896, c'est-à-dire, pendant une demie décade, il s'élève à 609.

C. -- Si l'on compare les quatre périodes, on voit que dans la première décade, l'augmentation des décès comparée aux naissances a été plus forte dans la section D que dans la section A, où les étangs couvraient 36 0/0 de la surface.

Excédant des décès sur les naissances

1800-1812	Section A............	96
	Section B............	14
	Section C............	146
	Section D............	282

Dans les décades suivantes, l'excédant des naissances sur les décès, est encore plus fort pour les sections couvertes d'étangs.

Excédant des naissances sur les décès

	1813-1822	1823-1832
Section A........	127	104
Section B........	119	79
Section C........	329	80
Section D........	39	12

J'insiste sur ce point, car pendant ces deux décades, on ne parlait pas encore de desséchement.

Dans les décades suivantes, 1833 à 1862, l'augmentation des naissances est plus forte dans les sections peu inondées.

Mais à partir de 1872 jusqu'à nos jours, l'excédant est plus fort dans la commune à étangs.

D. — L'examen des tableaux précédents permet encore de faire une autre observation relativement à la population dombiste.

Une population s'accroît de deux manières : 1° par l'excédant des naissances sur les décès ; 2° par l'immigration.

Nous avons parlé de l'excédant des naissances. L'immigration se reconnaît, lorsque, dans une période donnée, l'excédant des naissances ne correspond pas à l'accroissement de la population constaté par les recensements.

Or, dans les trois premières périodes, l'excédant des naissances est plus faible que l'accroissement de la population, tandis que dans la quatrième période, l'augmentation de la population est inférieure à l'excédant des naissances.

Que conclure? Dans la première moitié du siècle, c'est-à-dire, dans la période où les étangs couvraient une grande partie du sol, une *immigration importante* s'est produite en Dombes, tandis que dans la période qui a suivi le desséchement, les Dombistes ont *émigré* de leur pays.

	Excédant des naissances	Accroissement ou diminution de la population
1re période...	323	+3.253
2e période...	527	+1.301
3e période...	1.328	+3.359
4e période...	5.456	+1.834
1891-1896...	609	— 852

Après le recensement de 1896, on peut ajouter : L'émigration des Dombistes devient énorme. En 5 ans, en effet, 1,461 personnes ont abandonnées les 40 communes observées, car, aux 852 manquant en mai 1896, il faut ajouter l'excédant des naissances sur les décès, soit 609.

Ainsi, 1,461 habitants sur 22,000 ont quitté la Dombes rurale pendant ces cinq dernières années. Au moment où les bienfaits tant annoncés du dessèchement des étangs devraient se faire sentir, ce fait rapproché de l'augmentation constante de la population Dombiste, quand les étangs existaient, devrait faire réfléchir.

C. — Mortalité générale dans le pays d'étangs

La mortalité a pour expression et mesure le rapport entre les décédés et le nombre des vivants ; mais pour obtenir une moyenne approximative, on a accepté la formule générale $D/p + 1/2\ d$; D représentant le nombre des décès, et p le chiffre de la population.

Le tableau ci-joint donne les résultats que j'ai obtenus dans les 40 communes du pays d'étangs.

Tableau D. — *Mortalité dans les 40 communes de la Dombes de 1802 à 1896*

	1802 à 1812	1823 à 1832	1833 à 1842	1843 à 1852	1859 à 1862	1863 à 1872	1873 à 1882	1883 à 1892	1891 à 1895
Section A	3.76	3.56	3.54	2.92	2.88	2.59	1.78	1.75	1.12
Section B	3.81	3.63	3.60	2.11	2.97	2.30	1.96	1.49	1.33
Section C	4.44	3.75	3.16	2.51	2.37	2.19	1.40	1.75	1.21
Section D	4.74	3.98	3.32	2.78	2.70	2.56	1.83	1.85	1.19
	ortalité moyenne dans la 1re période 3 83		2me période moyenne 3.42	3me période mo yenne 2.58	4me période moyenne 2.09				moyenne 1.41

On voit que la mortalité dans le pays Dombiste a baissé graduellement depuis le commencement du siècle. De 3,83 pour 100 pendant les trente premières années, la mortalité s'est abaissée à 3,42 dans la deuxième période, à 2,56 pendant la troisième période, à 2,09 jusqu'en 1891, pour tomber à 1,21 pendant les cinq dernières années.

Si on compare la mortalité des quatre sections aux diverses périodes, on voit que dans la 1re période de 1800 à 1832, c'est-à-dire, pendant qu'on ne parlait pas de dessèchement des étangs, la mortalité était plus forte dans la section D ayant 6 0/0 d'étangs que dans la section A qui en avait 36 0/0.

Dans les deux périodes suivantes, l'avantage est plus prononcée dans les sections C et D.

Mais pendant la quatrième période, c'est-à-dire, après le dessèchement des étangs, la proportion est sensiblement la même.

Pendant les cinq dernières années, quand les effets de dessèchements devraient se faire sentir, la mortalité la plus faible s'observe dans la section qui a encore le plus d'étangs.

D. — Age moyen des décédés

Bien des procédés ont été employés pour apprécier la vie moyenne. Tous ont des défauts. Celui qui en présente peut-être le moins, consiste à diviser les âges de décédés par le nombre des décès. C'est celui que j'ai choisi.

Malgré l'imperfection de cet élément de comparaison, j'ai voulu l'étudier dans le pays d'étangs : mais ne pouvant me procurer les renseignements nécessaires pour toutes les communes observées, j'en ai choisi trois : deux parmi celles qui ont le plus d'étangs : Bizieux et Lapeyrouse, et une qui n'en a presque plus, Saint-Eloi.

Je tiens à remercier les personnes qui se sont mises gracieusement à ma disposition, et ont bien voulu me transmettre les notes qu'elles ont puisées dans les registres de l'état civil de leurs communes, et m'ont permis de faire des comparaisons intéressantes.

Age moyen des décédés dans trois communes de la Dombes

	Saint-Eloi	Birieux	Lapeyrouse
1800-1831....	27.1	24.8	24.9
1832-1842....	40.9	22.2	22.8
1843-1852....	29.3	37.9	23.9
1853-1891....	34.8	32.7	34.5
1892-1896....	40.0	41.5	39.5

L'âge moyen des décédés est donc allé dans les trois communes étudiées, en augmentant du commencement du siècle jusqu'à nos jours. De 25 ans en moyenne, il est monté à 34 en 1822, et à 40 en 1896.

Les partisans du dessèchement des étangs l'attribuent à la disparition de ces réservoirs. Je ne suis pas aussi exclusif ; je crois que cette augmentation est plutôt indépendante du dessèchement.

L'âge moyen des décédés a été dans la commune de Saint-Eloi de 40 ans, de 1831 à 1842, c'est-à-dire, avant le dessèchement des étangs ; il s'est abaissé à 29,3, lorsqu'on l'a commencé pour remonter à 34 pendant la période suivante.

Cette augmentation de la vie moyenne des décédés est

indépendante de la surface desséchée. Ainsi, à Saint-Eloi on a desséché 43 hectares et à Lapeyrouse 137 ; or, l'âge moyen est actuellement sensiblement égal dans les deux communes.

Elle est aussi indépendante de la surface actuellement en étangs. Ainsi, Birieux qui a encore 40 0/0 de sa surface en étangs, et Lapeyrouse qui en a 34 0/0 ont le même âge moyen que Saint-Eloi qui n'en a plus que 1 0/0.

CONCLUSION

Après les considérations précédentes, je serai bref.

Je crois qu'en ce moment, la remise en eau des étangs, sous la surveillance, comme le demande le projet de loi, du Conseil d'hygiène, des communes intéressées et du Conseil général est indiquée :

1° Parce que, théoriquement, les étangs ne sont pas malsains et ne produisent pas la fièvre ;

2° Parce que, pratiquement, ces réservoirs n'ont pas une influence mauvaise sur la population qui les entoure ;

L'étude du mouvement de la population en Dombes a même permis de s'assurer d'un fait important. La population de ce pays a augmenté d'une façon colossale pendant la période des étangs. La progression a été bien moins sensible pendant les années qui ont suivi leur dessèchement, et aujourd'hui, plus de 50 ans après ce grand travail, quand il est permis d'en voir les résultats, la population est en diminution accentuée et l'on émigre de la Dombes ;

3° Parce que la culture en eau est celle qui répond la mieux au climat et au sol ;

4º Parce que les étangs sont nécessaires pour assurer un bon régime des eaux;

5º Parce que la culture des étangs, telle quelle est pratiquée à l'heure actuelle, constitue en faveur de particuliers un privilège acquis aux dépens de tous;

Aussi, pour moi, la question se résume ainsi : plus de Privilège ; Liberté et Egalité.

Dr PASSERAT.

Errata

A la page 477, 6e ligne, au lieu de Bull Inges, lire Bullinges.

A la page 489, 17e ligne, au lieu de immigration, lire émigration.

A la page 490, 3e ligne du bas de la page, au lieu de l'indigène, le fermier regrette, lire l'indigène regrette

A la page 495, 4e ligne, au lieu de dont on fait, lire dont on ait fait.

A la page 497, 15e ligne et 7e ligne du bas de la page, au lieu de Marchiafava et Tonmasi, lire Marchiofava et Tommasi.

A la page 500, 14e ligne, au lieu de étude, lire étuve.

A la page 515, 13e ligne, au lieu de eaux fluviales, lire eaux pluviales.

A la page 524, la 6e ligne commence ainsi : soit 335 habitants en moyenne. A la 10e ligne du bas de la page, au lieu de 130,000, lire 13,000.

A la page 525, 5 ligne du bas, au lieu de époque de, lire époque ou.

www.ingramcontent.com/pod-product-compliance
Lightning Source LLC
LaVergne TN
LVHW010057230826
846091LV00005B/1980

9782011257239